ANALIZA KSIĄŻKI

Mit o Syzyfie

• • • • • • • • • • • • • • • • •

ALBERT CAMUS

ANALIZA KSIĄŻKI

Napisany przez Alexandre Randal
Przetłumaczony przez Kâmil Kowalski

Mit o Syzyfie

Albert Camus

ALBERT CAMUS

FRANCUSKI PISARZ I FILOZOF

- Urodził się w 1913 roku w Mondovi (obecnie Dréan) w Algierii.

- Zmarł w Villeblevin (Francja) w 1960 roku.

- **Godne uwagi prace**:

  - *The Stranger* (1942), powieść

  - *Kaligula* (1945), sztuka teatralna

  - *Plaga* (1947), powieść

Albert Camus urodził się we francuskiej Algierii. Nigdy nie poznał swojego ojca, a dzieciństwo spędził z matką w Algierze. Choć problemy zdrowotne znacznie utrudniały mu studia na uniwersytecie (chorował na gruźlicę), udało mu się jednak uzyskać dyplom z filozofii. Następnie rozpoczął karierę dziennikarstwa politycznego (wstąpił do partii komunistycznej i pracował dla Alger républicain), zanim przeniósł się do Paryża. W momencie wybuchu II wojny światowej (1939-1945) wstąpił do ruchu oporu w Paryżu i poznał i zaprzyjaźnił się z Jean-Paulem Sartre'em (francuski pisarz i filozof, 1905-1980). Po zwolnieniu został redaktorem naczelnym magazynu ruchu oporu "Combat", w którym pracował również Sartre.

W ciągu swojego życia Camus rozwinął egzystencjalistyczną filozofię absurdu opartą na założeniu, że życie nie ma sensu.

W pełni wykorzystał swoje umiejętności pisarskie, aby szerzyć swoją filozofię poprzez książki, eseje i sztuki teatralne. Podziwiane, a czasem krytykowane, idee Camusa były szeroko powtarzane na całym świecie w takich dziełach jak The Stranger i The Plague.

Otrzymał Nagrodę Nobla w 1957 roku za "ważne dzieło literackie, które z jasną powagą rzuca światło na problemy sumienia ludzi naszych czasów" (Akademia Szwedzka). Zginął trzy lata później w wypadku samochodowym.

MIT O SYZYFIE

ESEJ O ABSURDZIE

- **Gatunek**: esej

- **Wydanie źródłowe**: Camus, A. (1955) *The Myth of Sisyphus: And Other Essays*. Trans. O' Brien, J. New York: Vintage Books.

- [1]. **wydanie**: 1942 (pierwsze tłumaczenie na język angielski pojawiło się w 1955 roku)

- **Tematy**: egzystencjalizm, człowiek absurdalny, samobójstwo, sens życia, mitologia

Mit Syzyfa to esej o absurdzie. Jest częścią cyklu Camusa Absurd, który poprzedził cykl Rebelii, obok powieści Nieznajomy oraz sztuk Kaligula i Nieporozumienie.

Mit o Syzyfie sugeruje, że człowiek myśli o samobójstwie, gdy uświadamia sobie absurdalność świata, że istnienie nie ma sensu. Choć samobójstwo nie rozwiązuje problemu, według Camusa zakończyłoby zmagania człowieka ze światem. W bezsensie świata możemy odnaleźć sens naszego istnienia.

Syzyf, grecki bohater mitologiczny skazany na toczenie głazu pod górę, który ciągle stacza się z powrotem w dół, jest dla Camusa obrazem ludzkiej kondycji. Według pisarza człowiek musi godnie stawić czoła temu przeznaczeniu, bo może żyć szczęśliwie w absurdzie, jeśli robi to z pełną świadomością.

PODSUMOWANIE

"Ale pewnego dnia pojawia się ,dlaczego' i wszystko zaczyna się od tego cudownego zmęczenia" (s. 13). Camus wyjaśnia, że na tym etapie jednostka uświadamia sobie upływ czasu, dziwność świata, jego pierwotną wrogość i mechaniczność swoich działań: deklaruje, że cały świat żyje bez świadomości śmierci. Na poziomie intelektualnym człowiek jest całkowicie sceptyczny wobec świata i własnej wiedzy. Zaczyna więc kwestionować, czy "warto żyć, czy nie" (s. 3).

Zastanawiając się nad daremnością istnienia i daremnością codzienności, Camus definiuje absurd jako osobę, która "nie pamięta utraconego domu ani nadziei na ziemię obiecaną" (s. 6). Posługując się tą biblijną metaforą, sugeruje, że człowiek jest niejako wygnany ze swojej ojczyzny, raju utraconego: jest obcy swojemu środowisku. Absurdalność odnosi się więc do poczucia wyobcowania, jakie człowiek odczuwa wobec świata, w którym żyje. Ale czy musi unikać absurdu życia w nadziei lub samobójstwa?

Następnie autor analizuje kilka egzystencjalizmów, które atakują umysł i koncentrują się na myśleniu religijnym, takich jak filozofie Sørena Kierkegaarda (1813-1855), Edmunda Husserla (1859-1938), Lwa Szestowa (1866-1938), Karla Jaspersa (1866-1938). 1855). 1938).). 1883-1938), 1969) i Martina Heideggera (1889-1976). Autor uważa, że zaczynają w dobrym kierunku, ale potem kończą się filozoficznym samobójstwem, którym zamierza uciec w religię. Na przykład dla egzystencjalistycznego filozofa Šestova, chociaż rozum jest bezsensowny, jest coś poza nim: zakłada skok w irracjonalność. Camus natomiast odrzuca ten sposób myślenia i wskazuje na Boga, który może istnieć tylko poprzez zaprzeczenie ludzkiego rozumu.

Zdaniem Camusa poszukiwanie celu istnienia poza kondycją człowieka nie pozwala człowiekowi zrozumieć wolności, gdyż wolność byłaby mu dana przez istotę wyższą. Zamiast zwrócić się ku religii, opowiada się za buntem. Przez bunt Camus rozumie utrzymywanie przepaści między światem a ludzkim umysłem, stale świadomym, że żyjemy w absurdzie. Jest to jedyne spójne stanowisko filozoficzne. Ta ciągła obecność osoby przed sobą, ta ciągła świadomość sprawia, że samobójstwo jest niemożliwe. Mężczyzna w obliczu samobójstwa dowiaduje się, że jutra nie ma i jest wolny. Absurd sprawia więc, że doświadcza jak najwięcej, podczas gdy uczy, że wszystkie doświadczenia są bez znaczenia: wszystkie są jednakowo ważne, ponieważ nic nie ma sensu.

Absurd ma trzy konsekwencje: pasję, wolność i bunt. Camus preferuje zatem trzy postawy, które ilustrują zalecany przez niego sposób życia:

- **Don Juanizm**. Don Juan nie wierzył w żaden głęboki sens rzeczy: wiedział, że miłość jest zarówno wyjątkowa, jak i ulotna.

- **Dramat**. Aktor żyje w teraźniejszości i może zmieniać siebie. Dzięki swoim rolom mogą wcielać się w kilka postaci. Są skazani na rozproszenie, ponieważ wybrali "wszędzie", a nie "zawsze" i wieczność.

- **Podbój**. Zdobywca lub poszukiwacz przygód wie, że działanie samo w sobie jest bezużyteczne. W rzeczy samej, w podboju nic nie trwa, ponieważ na końcu zawsze jest śmierć; Prometeusz, który wojował z bogami, był pierwszym nowoczesnym zdobywcą: "Tak, człowiek jest swoim własnym końcem. I jest swoim jedynym końcem. Jeśli ma na celu bycie czymś, to właśnie w tym życiu" (s. 88).

Kochanek, aktor i poszukiwacz przygód odgrywają rolę absurdu: są tego świadomi iw pełni świadomi tego żyją. Jednak twórca (artysta) jest figurą absurdu.

Zdaniem Camusa stworzenie dzieła sztuki jest wyjątkowym sposobem zachowania świadomości wszechświata. Tak więc szczytem absurdalnej radości jest tworzenie. Ten "doskonały mim" (s. 9), "nadmierne naśladownictwo pod maską absurdu". Jednak tworzenie fikcji może tworzyć takie same dwuznaczności, jak niektóre filozofie i uciekać w irracjonalność. Prawdziwe dzieło sztuki może zatem zawsze mierzyć osobę, nie aspiruje do wieczności. Tworzenie uczy cierpliwości i jasnego widzenia. W każdym razie uporczywy bunt człowieka przeciwko jego kondycji i wytrwałość w próżnych dążeniach świadczą o jego godności.

Kiriłow, główny bohater powieści Dostojewskiego (1871) Demony (1871) (autor rosyjski, 1821-1881), wierzy, że jest Bogiem, kiedy Boga nie ma, co oznacza, że jest na ziemi całkowicie wolny. Jeśli ta "zbrodnia metafizyczna" (s. 108) wystarczy, by spełnić osobę, po co dodawać samobójstwo, pyta Camus. W rzeczywistości Kiriłow chce pokazać ludziom drogę. Zdaniem Camusa tekst Dostojewskiego dotyka absurdu, ale nie jest to jeszcze dzieło absurdalne, bo rosyjski pisarz daje czytelnikowi odpowiedź.

Kampus widzi w Syzyfie przykład absurdalnego bohatera: "Syzyf, wracając do swojej skały, kontempluje w tym małym nachyleniu ciąg niezwiązanych ze sobą działań, które staną się jego przeznaczeniem, które stworzył, stopił się w jego pamięci i wkrótce przypieczętował. swoją śmierć. […] Trzeba sobie wyobrazić szczęśliwego Syzyfa" (s. 123).

👁 Syzyf – postać mitologiczna

"Widziałem też Syzyfa, związanego w agonii, trzymającego obiema rękami swój potworny głaz, pracującego, podnoszącego, szamoczącego się rękoma, odpychającego stopami, wciąż rzucającego kamień aż do krawędzi, ale tak, jak się kłaniał. Ponownie. i pchnął przedmiot ponownie, wielki ciężar go podniósł, a bezlitosny głaz związał się i upadł ponownie na równinę – tak, że zadrżał jeszcze raz, walczył, aby go podnieść, pot spływał mu po ciele, kurz przetaczał się po głowie. Homer, Odyseja, s. 269).

Tak Homer (grecki poeta z Ⅴw. p.n.e.), opisuje Syzyfa, syna króla Tesalii Aeolusa i Enarete. Miał on czworo dzieci z nimfą Merope. Syzyf założył Efirę (obecnie Korynt) i zorganizował pierwsze igrzyska istmijskie, nazwane tak na cześć Przesmyku Korynckiego. Znany jest z przebiegłości i podstępu, ale najbardziej zasłynął z kary zarezerwowanej dla niego przez bogów po śmierci.

Pewnego dnia, będąc na szczycie wieży strażniczej cytadeli w Koryncie, Syzyf był świadkiem porwania nimfy Eginy przez Zeusa. Kiedy bóg rzeki Asopus, jej ojciec, przybywa do Koryntu, aby ją odnaleźć, Syzyf opowiada mu, co widział. Później, po tym jak Zeus uniknął gniewu Asopusa, król bogów wysyła Syzyfa do Hadesu, boga podziemi, aby go ukarać. Thanotos, uosobienie śmierci, próbuje związać ręce Syzyfa łańcuchami, ale Syzyf twierdzi, że są one zerwane. Syzyf wypróbowuje je więc na Thanatosie, który, odkrywając, że jest uwięziony, uświadamia sobie, że łańcuchy działają doskonale. Zmarli wykorzystują sytuację i uciekają z podziemi, o czym wkrótce przekonują się bogowie. Ares, bóg wojny, jest odpowiedzialny za uwolnienie Thanatosa i dostarczenie Syzyfa do Hadesu. Kiedy zostaje schwytany, Syzyf rozkazuje żonie, aby nie oferowała mu zwykłych ofiar, które zmarli otrzymują przed odejściem w zaświaty. Podczas gdy w podziemiach, Syzyf udaje się przekonać bogów, że musi wrócić na Ziemię, aby ukarać swoją żonę, ponieważ nie przygotowała jego miejsca pochówku, i że wróci tak szybko, jak to się stanie. Plan się udaje, a Syzyf nie wraca. Bogowie czekają więc na jego śmierć, aby go ukarać. Winny tego, że obraził bogów, zostaje przywieziony do Tartare, w podziemiach, gdzie zostaje skazany na wtoczenie wielkiego głazu na szczyt góry. Głaz jednak ciągle spada w dół, zanim w ogóle dotrze na szczyt, zmuszając Syzyfa do toczenia go przez całą wieczność (Schmidt 1983, s. 252).

KONTEKST

WPŁYW WSPÓŁCZESNYCH FILOZOFÓW

We wstępie do Mitu o Syzyfie Camus napisał: "Dlatego należy na wstępie zauważyć, co te stronice zawdzięczają niektórym współczesnym myślicielom" (s. 2).

W pierwszej części eseju zatytułowanej "Rozumowanie absurdalne" autor wymienia kilku współczesnych filozofów, którzy zbłądzili. Chociaż Camus zawsze zaprzeczał, że jest filozofem, pamiętał coś o każdym pojęciu:

- Heidegger widzi człowieka jako rzuconego w egzystencję, żyjącego w niepokoju i niepokoju, ponieważ jest świadomy śmierci. Ta świadomość jest właśnie głosem udręki i błaga byt "powrócił od swojej zagłady do Bezimiennego" (s. 2).

- Desperacko pragnąc jakiejkolwiek ontologii (filozofii bytu), Jaspers próbuje znaleźć ścieżkę, która prowadzi do "boskich tajemnic" (s. 25). Opierając się na doświadczeniu porażki i ludzkiej nieadekwatności, jest przekonany "nie o braku, ale o transcendencji" (s. 33).

- Szestow dowodzi, że najbardziej uniwersalny racjonalizm w końcu spotka się z irracjonalnością ludzkiej myśli. Wywyższa ludzki bunt przeciwko beznadziei, jaki przedsta- wiają Szekspir (dramaturg angielski, 1564-1616), Dostojewski, Ibsen (dramaturg norweski, 1828-1906) i Nietzsche (filozof niemiecki, 1844-1900). "Zwracamy się ku Bogu tylko po to, by uzyskać to, co niemożliwe. Jeśli chodzi o to, co możliwe, wystarczą ludzie" (s. 34) – pisze Szestow. W rzeczywistości widzi on Boga jako absurd, ponieważ wiara w Boga wymaga zaprzeczenia rozumu i skoku w irracjonalność.

- Kierkegaard również żyje w absurdzie i poświęca w tym procesie intelekt.

- Husserl i inni filozofowie fenomenologii (filozofowie, którzy obserwują i obiektywnie opisują zjawiska i to, jak się one pojawiają) przywracają światu różnorodność i negują transcendentną moc rozumu. Myślenie oznacza uczenie się na nowo widzenia poprzez otwarcie się na intuicję. Fenomenologia Husserla odmawia wyjaśniania świata, pragnąc być jedynie opisem zjawisk i realnego życia. Zdaniem Camusa jest to triumf wiecznego rozumu, po porzuceniu rozumu ludzkiego.

Te wielkie umysły łączy zatem negacja ludzkiego rozumu i uniżoność. Camus potępia te postawy egzystencjalistów.

ANALIZA

PISANIE ESEJU FILOZOFICZNEGO

Podobnie jak Montaigne (pisarz francuski, 1533-1592), Camus chce mieszać myśl z biegiem prawdziwego życia. Zasadniczo esej jest elastyczną formą, która zawiera rodzaj osobistego komentarza na jeden lub więcej tematów, w których osobowość autora jest silnie obecna, łącząc w ten sposób pisarstwo literackie i refleksję filozoficzną.

Eseje Camusa mają również następujące cechy:

- **Stylizacja:** "Wielki styl to styl niewidzialny, a raczej styl ucieleśniony" (Camus, The Rebel), wyjaśnia Camus. Chodzi o wyjaśnianie rzeczywistości we własnym stylu. Styl Camusa próbuje dotrzeć do poważnej prawdy, której doświadcza człowiek: w ten sposób pokonuje filozofię abstrakcyjną. Autor nazywa przedstawienie symbolicznej postaci Syzyfa czy Prometeusza "stylizacją ucieleśnioną", ponieważ te klasyczne mity ucieleśniają ideę opisującą jego punkt widzenia.

- **Suchość**: zdania są krótkie, interpunkcja mocna, a teraźniejszość jest często używana do opisu prawd ogólnych ("Zdobywcy wiedzą, że działanie samo w sobie jest bezużyteczne", s. 87). Dodatkowo wymienianie codziennych, powtarzalnych czynności akcentuje wrażenie suchości, jakie niesie ze sobą pisarstwo, a jednocześnie podkreśla mechaniczny, absurdalny rytm ludzkiej egzystencji:

"Pobudka; tramwaj, cztery godziny w biurze lub fabryce, posiłek, tramwaj..." (s. 12).

- **Podkreślony patos**: autor często mówi "ja" ("Tam właśnie potykam się i trzymam", s. 87). Użycie pierwszej osoby liczby pojedynczej skłania czytelnika do refleksji i zastanowienia się nad tym, czego doświadczył. W ten sposób Camus próbuje dotrzeć do czytelnika i poruszyć publiczność, aby przekazać wiadomość, która dotyczy wszystkich. Aby to zrobić, wykorzystuje również przeciwieństwa, z wielokrotnym użyciem spójnika "ale", powtarza pewne słowa w całym tekście (na przykład słowo "zdobywca" powtarza się pięć razy w ciągu tylu stron) i bezpośrednio zwraca się do czytelnika ("Nie zakładaj jednak, że czerpię z tego przyjemność", s. 87), angażując go, a jednocześnie powstrzymując się do pewnego stopnia.

👁 MIT O PROMETEUSZU

W mitologii greckiej Prometeusz (co pochodzi od greckiego słowa oznaczającego "przemyślenie") był tytanem.

Prometeusz i jego brat Epimeteusz (dosłownie "afterthinker") zostali wybrani przez bogów, aby podzielić boskie dary między ludzi i zwierzęta. Epimeteusz wykonał zadanie samodzielnie, dając zwierzętom siłę, umiejętności i szybkość. Kiedy przyszła kolej na człowieka, nie miał już nic do przekazania. Prometeusz postanowił więc wykraść ogień i sprowadzić go na Ziemię. Udało mu się, więc ludzie, mimo gniewu Zeusa, poznali techniki niezbędne do przetrwania i stworzenia cywilizacji.

Prometeusz jest obrońcą ludzi. Pewnego dnia, składając bogom w ofierze krowę, podzielił zwierzę na dwie części. Na jednej umieścił najlepsze części zwierzęcia, pokryte podrobami i skórą, a na drugiej kości pod warstwą apetycznego tłuszczu. Dał Zeusowi wybór między tymi dwoma stosami, ale król bogów nie dał się nabrać na tę sztuczkę. Wściekły, ukarał Prometeusza i sprowadził na ludzkość nieszczęście w postaci Pandory (pierwszej kobiety), jako zemstę na człowieku.

Prometeuszowi wymierzono straszliwą karę: został przywiązany do gór Kaukazu, nagi, a każdego dnia przylatywał orzeł i wyrywał mu wątrobę, która następnie odrastała, zanim znów została wydziobana.

EGZYSTENCJALIZM

Etymologia słowa "egzystencjalizm" pochodzi od słowa "egzystencja". Na poziomie filozoficznym egzystencjalizm jest sposobem myślenia, który koncentruje się na istnieniu (istnieniu rzeczy lub bytu), w przeciwieństwie do filozofii, które koncentrują się na istocie (czyli atrybutach składających się na istotę rzeczy lub istoty).

Na płaszczyźnie historycznej i literackiej egzystencjalizm to ruch filozoficzny, który większe znaczenie przyznaje istnieniu niż istocie. Często kojarzony jest z twórczością Jean-Paula Sartre'a. Egzystencjalizm był niezwykle popularny we Francji w latach 1943-1950.

Choć Camus kwestionuje to określenie (woląc używać "filozofii absurdu"), to jednak w jego pisarstwie widać wpływ egzystencjalizmu. Rozwija on wątki, które Emmanuel

Mounier (francuski filozof, 1905-1950) zawarł w książce *Existentialist Philosophies – An Introduction* (1946), w rozdziale "The Dramatic Conception of Human *Existence*", a mianowicie bezsilność rozumu, przypadkowość bycia człowiekiem (istnienie człowieka jest niekonieczne, co oznacza, że istnieje, ale równie dobrze mógłby nie istnieć); kruchość, samotność, alienacja i skończoność człowieka; nagląca potrzeba śmierci i nicości.

Należy jednak uważać, aby rozróżnić dwa rodzaje egzystencjalizmu: egzystencjalizm chrześcijański Gabriela Marcela (francuski filozof i pisarz, 1889-1973) lub Mouniera oraz egzystencjalizm ateistyczny Sartre'a. Mounier, który ostrożnie łączy ze sobą istnienie i prawdę, precyzuje, że "filozofia, która zajmuje się stanem ludzkim, jest zawsze do pewnego stopnia filozofią, która zajmuje się duchowością" (Mounier, s. 113). Swój esej kończy rozdziałem zatytułowanym "Królestwo bytu jest pośród nas", w którym pokazuje, że transcendencja leży u podstaw egzystencji: człowiek nieustannie zmierza ku "nad-bytowi", który jest nieodłączny od istnienia. Sartre natomiast rozwija wizję człowieka, w której nie ma mowy o transcendencji. W jego ujęciu nie istnieje indywidualna istota; nie jest ona zdeterminowana przez naturę człowieka. Człowiek najpierw rodzi się i powstaje, a następnie w sposób wolny wybiera, czym chce być: w ten sposób człowiek nie jest niczym innym niż swoim planem wobec siebie oraz całością swoich działań i wyborów.

Z drugiej strony Camus przyjmuje punkt wyjścia Nietzschego od śmierci Boga, Götterdämmerung, czyli "ciemności bogów": "Syzyf uczy wyższej lojalności, która zaprzecza bogom i wznosi kamienie" (s. 123). Posługując się obrazem z mitologii, Camus wprowadza lekką zmianę znaczenia między starożytnymi bogami a chrześcijańskim Bogiem; stąd zaprzeczenie nadziei subtelnie związanej z oczekiwaniami chrześcijaństwa. Rzeczywiście, jeśli Bóg nie żyje, religia jest niczym innym jak formą unikania, próbą ucieczki od absurdu – co jest niemożliwe.

CZŁOWIEK ABSURDALNY

Człowiek skazany na śmierć bez nadziei na ucieczkę rozumie swoje ograniczenia. Na jego pytania nie ma odpowiedzi i są one obojętne, być może wrogie. Jego czas na ziemi jest ograniczony do życia. Musi więc zrekompensować ten brak przyszłości ilością i jakością swoich doświadczeń. Dlatego jego wzorem jest człowiek absurdu, który nauczył się żyć z pełną świadomością absurdu i dla którego czas nie istnieje, oddając się ulotnej intensywności chwili w roli don Juana, aktora lub zdobywcy.

Dla tego człowieka czas stoi poza biegiem historii. Najważniejszym czasem staje się chwila obecna, ponieważ jest to czas wielu doświadczeń. Nie jest to jednak obojętny hedonizm, a raczej bunt przeciwko absurdalności losu.

Mężczyzna dzieli losy dwóch bohaterów mitologii greckiej, Prometeusza i Syzyfa, skazanych na wieczną karę za bunt przeciw bogom. W przeciwieństwie do wersji mitologicznej, Camus widzi rodzaj szczęścia w absurdalnym geście Syzyfa. Rzeczywiście, kiedy uświadamia sobie swój nieuchronny los, bohater doświadcza pewnej radości z jasności swojej świadomości.

> *"Ten wszechświat odtąd bez pana nie wydaje mu się ani jałowy, ani daremny. Każdy atom tego kamienia, każdy mineralny płatek tej wypełnionej nocą góry, sam w sobie tworzy świat. Sama walka o szczyty wystarczy, by wypełnić serce człowieka. Trzeba sobie wyobrazić Syzyfa szczęśliwego"* (s. 123).

W ten sam sposób Camus radzi mężczyznom, aby nauczyli się żyć z absurdem, ponieważ może on doprowadzić ich do szczęścia.

CYKL ABSURDU

Cykl absurdu stanowi część dorobku Camusa i obejmuje powieść *Nieznajomy*, esej *Mit Syzyfa* oraz sztuki *Kaligula* i *Nieporozumienie*. Zastanawia się nad kwestią absurdu i braku sensu w życiu. Między tymi dziełami istnieją pewne wspólne motywy. Rzeczywiście, związek między esejem a opowieścią ma dla Camusa ogromne znaczenie. Jego zdaniem centralna głęboka myśl jest niezbędna dla dzieła literackiego. Ten związek między filozofią a literaturą jest tak silny, że te dwie dziedziny muszą się zatem pokrywać.

The Stranger i *Mit Syzyfa* badają podstawy i konsekwencje absurdu. Powieść nie ilustruje idei zawartych w eseju, ale raczej wykorzystuje doświadczenie, które jest w nim opisane: mianowicie rozwód śmiertelnika ze społeczeństwem. Poprzez głównego bohatera *Nieznajomego* Camus rzeczywiście przywołuje obraz człowieka wygnanego, motyw, który jest również obecny w *Micie Syzyfa*. Esej nie może więc istnieć bez powieści. Sartre porównuje te dwa dzieła w "Objaśnieniu *Nieznajomego*":

"*Nieznajomy*", który pojawia się jako pierwszy, pogrąża nas bez komentarza w "klimacie" absurdu: potem przychodzi esej i rozświetla krajobraz. Teraz absurd oznacza rozwód, rozbieżność. *Nieznajomy* ma więc być powieścią rozbieżności, rozwodu i dezorientacji" (Sartre, An Explication of *The Stranger,* s. 114).

Powieść opowiada o Meursault, młodym pracowniku biurowym, który właśnie stracił matkę. Powoli dochodzi do wniosku, że życie nie ma sensu, że jest tylko trybikiem w wielkiej machinie społeczeństwa. To mało ambitny człowiek, który został osaczony. Rzuca się w wir wydarzeń i przypadkowo zostaje mordercą – zabija człowieka, bo oślepiło go słońce. Zdezorientowany, nie rozumie, co się z nim dzieje, nie próbuje się bronić ani nawet ratować życia: jest skazany na śmierć.

Meursault jest podobny do absurdalnego człowieka sportretowanego przez Camusa w micie o Syzyfie: jest obcy dla społeczeństwa. Jest człowiekiem z przyzwyczajenia, którego typowy dzień pasuje do opisu eseju: "Pobudka, tramwaj, cztery godziny w biurze lub fabryce, posiłek, tramwaj, cztery godziny pracy, posiłek, sen i poniedziałek wtorek środa piątek i sobota ten sam rytm – w większości łatwy do naśladowania" (s. 12).

Meursault nigdy nie próbuje wyrwać się z tego łańcucha rutynowych i absurdalnych zdarzeń, dopiero pod koniec życia budzi się do rzeczywistości; wręcz przeciwnie, człowiek z mitu o Syzyfie przystosował się do jego stanu na długo przed śmiercią. Nagromadzenie symbolizujące jego dzień pracy (zamieszki, tramwaj itp.) kończy się w eseju przebudzeniem świadomości: "Ale pewnego dnia pojawia się 'dlaczego' i wszystko zaczyna się od tego cudownego zmęczenia" (s. 13). W swoim eseju Camus wymienia przebudzonych ludzi: Don Juana, aktora itd. Pokazuje sposób myślenia i odpuszczania absurdu.

W swoim dziele "Mit Syzyfa" Camus wspomina o potrzebie jasności, której człowiek potrzebuje w swoich relacjach ze światem. Cała nasza istota wymaga sensu zarówno w prawdziwym życiu, jak iw życiu osobistym: "Wziąć świat dla człowieka to sprowadzić go do człowieczeństwa, odcisnąć na nim swoje piętno" (s. 17). Opisuje jednak "tęsknotę za komunią, to pragnienie absolutu, zasadniczy impuls ludzkiego dramatu" (tamże), ponieważ życie samo w sobie jest absurdem. Podobnie dwór – podobnie jak czytelnik – stara się nadać sens zbrodni Meursaulta w Nieznajomym i nadać jego poczynaniom pewną spójność, podczas gdy sam Meursault nie potrafi: nie ma innego usprawiedliwienia niż oślepiające słońce. Jego działania nie mają sensu, bo życie to absurd, ale sąd nie słyszy tej rzeczywistości i dlatego na próżno próbuje znaleźć przyczynę morderstwa.

Pod koniec procesu Meursault zostaje skazany na śmierć. To pozwala mu wreszcie zrozumieć i przystosować się do życia: dopiero przed śmiercią pojmuje swoją dziwność, a więc i absurdalność świata. W rezultacie budzi się tuż przed śmiercią, w przeciwieństwie do człowieka z mitu o Syzyfie, który poddał się swojemu stanowi, gdy tylko uświadomił sobie, że życie to absurd.

Mit Syzyfa, który przedstawia człowieka absurdalnego, nawiązuje więc do opowiadania Meursaulta Nieznajomy. O ile jednak w powieści Camus rozwija przypadek człowieka, który się nie buntuje i poddaje absurdowi, o tyle w swoim eseju przekazuje dużo bardziej pozytywne przesłanie. Chce pokazać czytelnikowi absurd i jego trzy konsekwencje: bunt, wolność i namiętność.

BUNT

Pod koniec *Mitu Syzyfa* Camus podsumowuje konsekwencje zrozumienia absurdu: "Wyciągam więc z absurdu trzy konsekwencje, którymi są mój bunt, moja wolność i moja pasja. Przez samą aktywność świadomości przekształcam w regułę życia to, co było zaproszeniem do śmierci – i odmawiam samobójstwa" (s. 64).

Według Camusa bunt jest jedynym sposobem na życie w absurdalnym świecie. Uważa Syzyfa za szczęśliwego, ponieważ buntuje się przeciwko boskim prawom i bierze odpowiedzialność za swoje czyny. W ten sposób zostaje uwolniony od bogów i może żyć zgodnie z przeznaczeniem, które sobie wybrał: nie jest już skazany na wniesienie kamienia na szczyt góry, ale decyduje się to zrobić iw ten sposób zostaje mistrzem. jego własny los. . W ten sposób wieczna praca Syzyfa reprezentuje ludzką kondycję. Każdy z nas ma prawo wybrać, czy chce z tego powodu cierpieć, czy nie.

> "Robotnik dzisiejszy pracuje codziennie w swoim życiu przy tych samych zadaniach i ten los jest nie mniej absurdalny. Ale jest on tragiczny tylko w tych rzadkich momentach, kiedy staje się świadomy. Syzyf […] zna cały zakres swojej nędznej kondycji: o tym właśnie myśli podczas zejścia. Jasność, która miała stanowić jego torturę, jednocześnie wieńczy jego zwycięstwo" (s. 121).

Tak Camus przedstawia w swoim eseju przyczynę i podstawę buntu. Mit Syzyfa odnosi się zatem do cyklu buntu, na który składają się zaraza i bunt. Dodatkowo ten ostatni esej można odczytać jako odpowiedź na mit o Syzyfie. W Rewolcie Camus rozwija tę samą myśl, co w eseju z 1942 roku: bez buntu człowiek nie jest świadomy swojej wolności. W tej pracy autor wychodzi od moralnego celu buntu i zakotwicza go w historycznym kontekście swoich czasów. W ten sposób człowiek jest postrzegany w ludziach; musi zbuntować się przeciwko niewolnictwu w dzisiejszym społeczeństwie. Dlatego właśnie zbiorowy bunt sprawia, że Camus mówi: "Buntuję się, dlatego istniejemy" (Rebel, 2000).

Dzięki buncie i zrozumieniu absurdalności życia człowiek doświadcza prawdziwej wolności, bo widzi świat nowymi oczami, z pełną jasnością. W tym miejscu dochodzimy do trzeciej konsekwencji: pasji. "Świadomy swojego życia, buntu, wolności do maksimum, żyje do maksimum" (s. 63). Pasja naprawdę zwiększa ilość ludzkich doświadczeń.

Mit Syzyfa odgrywa więc ważną rolę w twórczości Camusa, jest bowiem ogniwem łączącym cykl absurdu i buntu. Dla nadania fizycznej formy swoim refleksjom autor posługuje się mitycznymi postaciami Syzyfa (Mit o Syzyfie) i Prometeusza (chiński). Użycie tych dwóch znaków nie jest przypadkowe. W micie o Syzyfie Syzyf reprezentuje człowieka absurdalnego, aw przypadku buntu reprezentuje bunt. W rzeczywistości Syzyf i Prometeusz uosabiają dwa okresy buntu: pierwszy, na poziomie jednostki, odrzuca warunek narzucony jej przez bogów; druga wspiera sprawę człowieka i zachęca go do wolności. Tak więc Syzyf jest zasadniczą postacią jednoczącą bunt absurdu.

Camus bierze więc starożytny mit i adaptuje go, by nadać mu współczesne znaczenie, zgodne z jego własnymi ideami. W rzeczywistości autor pragnie otworzyć nam oczy swoim esejem, pisząc go w czasie II wojny światowej. W liście z 1939 roku wyjaśnia, że: "Ludzie mówią 'To absurd'. A potem idą i płacą podatki albo wysyłają córkę do prywatnej szkoły religijnej. Myślą, że sprawa jest zakończona, kiedy mówią 'to absurd'. W rzeczywistości to dopiero początek" (Politis, 2009: s. 225). Ta jedna myśl dała początek całym cyklom absurdu i buntu. Dzięki swojej filozofii absurdu autor chce pomóc ludziom uświadomić sobie absurd i dzięki temu osiągnąć wolność: "A to, co chcę z tego [założenia] wyciągnąć, to pewien ludzki, jasnowidzący sposób myślenia, sposób myślenia ograniczony w czasie – pewne zachowanie, w którym życie będzie uzbrojone dla siebie, a nie dla marzeń, którym daje pretekst" (tamże). W tym sensie Camus jest autorem humanistycznym, w nowoczesnym rozumieniu tego pojęcia, który wywyższa moralność solidarną w obliczu nieracjonalnego świata.

DALSZA REFLEKSJA

KILKA PYTAŃ DO PRZEMYŚLENIA...

- Czym jest absurd, jak postrzega go Camus?

- Czym zdaniem Camusa jest "człowiek absurdalny" i jakie trzy role może on przyjąć?

- Jak pisarstwo autora popiera to, co mówi?

- Jak skonstruowany jest *Mit o Syzyfie*? Skomentuj.

- Twoim zdaniem, dlaczego Camus zwrócił się do mitów w poszukiwaniu inspiracji dla tego eseju?

- Czy można stworzyć paralelę między poczuciem bycia outsiderem świata doświadczanego przez człowieka, w pracach Camusa, z tym, co czuje Roquentin, główny bohater *Mdłości* Sartre'a?

- Czym różni się bunt Camusa od rewolucji Sartre'a?

- Czy bunt Camusa można określić jako "dramat humanizmu ateistycznego", jak w tytule książki Henri de Lubaca (francuski teolog jezuicki, 1896-1991)?

- Jak *Mit Syzyfa wypada na* tle pozostałych dzieł Camusa? Z jakimi innymi książkami Camusa można ją porównać?

- Pascal (francuski matematyk, fizyk i pisarz, 1623-1662) i Camus uznają, że doświadczenie granicy jest nierozerwalnie związane z ludzką kondycją. Pascal uważa, że nieszczęście pochodzi z grzechu pierworodnego człowieka, podczas gdy Camus akceptuje przypadkowość, immanencję i kruchość życia: "Absurd jest jasnym rozumem zauważającym swoje granice. "Porównaj ich punkty widzenia.

PRZECZYTAJ TAKŻE

WYDANIE REFERENCYJNE

Camus, A. (1955) *The Myth of Sisyphus: And Other Essays*. Trans. O' Brien, J. New York: Vintage Books.

BADANIA REFERENCYJNE

Camus, A. (2000) *Buntownik*. Trans. Bower, A. Bungay: Penguin Modern Classics.

Cruickshank, J. (1998) Albert Camus. *Encyklopedia Britannica*. [dostęp 10 marca 2017]. Dostępny w: < https://www.britannica.com/biography/Albert-Camus>.

Redakcja Encyclopædia Britannica. (1998) Sisyphus. *Encyklopedia Britannica*. [dostęp 10 marca 2017]. Dostępny w: < https://www.britannica.com/topic/Sisyphus>.

Homer. (1996) *The Odyssey*. Trans. Robert Fagles. New York: Viking Penguin.

Mounier, E. (1948) *Filozofie egzystencjalistyczne – wprowadzenie*. Trans. Blow, E. London: Rockliff.

Politis, H. (2009) Le Mythe de Sisyphe d'Albert Camus, ou l'absurde comme outil de résistance. *Philosopher en France sous l'Occupation: actes des journées d'études organisées à la Sorbonne, 2000-2002*. Paris: Publications de la Sorbonne. s. 225.

Schmidt, J. (1983) *Larousse Greek and Roman Mythology*. Trans. O'Halloran, S. New York: McGraw-Hill Education. s. 252.

Chcemy usłyszeć od Ciebie, co się dzieje!
Zostaw komentarz na temat swojej internetowej biblioteki
i podziel się swoimi ulubionymi książkami w mediach społecznościowych!

Wydawca zapewnia o wiarygodności publikowanych informacji, co jednak nie może wiązać się z jego odpowiedzialnością.

www.50minutes.com

Master ISBN: 9782808693639
Papierowy ISBN: 9782808615037
Depozyt prawny: D/2023/12603/1783

Verhaal: © Primento

Projekt cyfrowy: Primento, cyfrowy partner wydawców.